und die frechen lachen

neue gedichte

von Hanns-Diethelm Blunck

AF211537

im Verlag Edition Blunck

und die frechen lachen

wer sein recht will
findet widerstand
wer sein leben kostbar findet
fällt dem gespött anheim

und die frechen lachen
sie kennen kein gesetz
und haben keine gnade
sie vernichten jede grenze
und verspotten scham

wer liebe will
findet käuflichkeit
wer sein leben teilen will mit andern
fällt dem gespött anheim

und die frechen lachen
sie kennen kein gesetz
und haben keine gnade
sie vernichten jede grenze
und verspotten scham

wer treue will
findet vertragsbruch
wer sein leben Gott übergibt
fällt der schändung anheim

und die frechen lachen
sie kennen nur gewalt
und machen keine gefangenen
sie vernichten den menschen
und verspotten Gott

dabeisein

dabeisein und nicht fernab sein
mitten drin sein und
grenzen nicht zulassen

denn grenzen kommen allein
freiheit will erkämpft sein

alleinsein und nicht zu zweit
in sich sein und sich
nicht aufwühlen lassen

denn getümmel kommt allein
ruhe will erkämpft sein

im neuen gewande

dies ist nicht das erste mal
dass mir misslingt
was gelingen sollte
aber jetzt nehme ich
meine schwächen an
und sage ja zu mir

aufbruch

irgendwann irgendwo ankommen
ohne qual leben
weil das ziel erreicht ist
aber dennoch in bewegung sein

der ort ist so nah
doch auch voller gefahr
viel entbehrung aber wenig konsum

irgendwann irgendwo hinkommen
und zu hause sein
weil alle lieben dabei sind
aber dennoch in bewegung sein

der ort ist so nah
doch auch voller gefahr
viel liebe aber wenig konsum

irgendwann irgendwo bleiben
und nicht mehr weiter gehen
weil man lebenssatt ist
aber immer noch liebt

der ort ist so nah
doch auf dem weg dahin gibt es
wenig ermutigung aber viel gefahr

wo kein Gott ist

wo die menschen reden
ist kein Gott

erst wo geschwiegen wird
voller ernst aber mit heiterkeit
stellt sich plötzlich
Gott als gast ein

und bleibt als liebender
solange das schweigen anhält

Du

diese nacht
warst Du mir so nah

wir betraten wieder
gemeinsam das paradoxe haus

im kellergewölbe
fanden wir das pergament
mit den geschichten
unserer leben

seltsam
wie lange wir schon einander suchten
und bisher nur fremde fanden

innigkeit

wie lange schon
liegen wir hier
an einem fremden gestade
leblos wie ertrunkene

nur die spitzen unserer finger
berühren sich sanft

unsere kleidung
hängt in fetzen
an unseren dürren leibern
nur ertrinken kann schöner sein

unverstanden

dies ist ein einsamer morgen
bei croissant und kaffee
im bistro
der kopf noch im traum verfangen

gerade Deinem schoß entwachsen
und doch so allein
niemand nimmt mich wahr
auch Gott schweigt eisern

urgestein

erst jetzt bemerkst Du
dass Du ganz nackt bist
sosehr hat das gespräch
Dich angeregt

in seltsamer scham
versuchst Du
Deine brüste vor mir
zu verbergen

Dein leib ist so gereift
so unerotisch wie urgestein
in fünfzig prallvollen jahren
gewachsen zu einem monument

es reizt mich
Dich so stehen zu sehen
im wohnzimmer
bei hellstem tageslicht

Dein monumentaler leib
dem forschenden auge preisgegeben
den bisher nur Dein mann sah
in jahrzehntelanger verschwiegenheit

was ist der tod

was ist der tod
als ein letztes verglühen
dieses ichs
das mich nicht repräsentiert
sondern verzerrt

was ist der tod
als ein freiwerden
für den unaufhörlichen
premierenbesuch

was ist der tod
als ein abwerfen
von last,lust und müh

was ist der tod
als ein ende des sterbens

was ist der tod

egomanie

die dritte welt
interessiert mich nicht
sondern nur
dass es mir heute gut geht

das leid anderer menschen
sehe ich nicht
sondern registriere
es rein statistisch

Sexuelle lust
ist eine veranstaltung
an freien wochenenden
doch vermittelt keine bindung

stress und unbill durchzuhalten
lohnt sich nicht
weil mein teller keinen rand hat
als nur das heute

wissenschaft

interesselos blicke ich
auf das design meines lebens
wie auf etwas fremdes

zu fremdem habe ich ein so
schönes gefühl
da darf ich neutral sein

ich bin der einzige archivar
dieser seltsamen dokumente
aus einer fremden welt

schön ist diese welt
weil sie unbewohnt ist
und jedem blick sich verschließt

schicksal

schicksal ist mir
die verwaltung von
ungeliebtem und fremdem,
an dem keiner interesse hat

ich blicke mit distinguenz
auf dieses gemenge
von gelebten und ungelebten
chancen und irrtümern

fern bin ich mir geworden
ich bin mir selbst
zu einem verkrusteten konstrukt geworden
vor dem ich erschrecke

ein dunkler schatten

ein dunkler schatten
über meinem leben
ist mein vater

noch heute zerbricht er
mit gewalt meine freude
und meine kraft

er machte mich lebensuntauglich
bevor ich noch richtig erfaßte
wer ich war

vater,Du bist ein böses omen
ein schatten
und ein unglück lebenslang

elternlos, nationenlos

wie schön wäre es
wenn die menschen
elternlos wären,
nicht nur waisen,
denn die haben ja auch eltern,
sondern tatsächlich
elternlos
und

ohne die erziehung
in einer familie

ohne die erziehung
in schule und gesellschaft

und ohne eine
Charakterneurose

wie schön wäre es
wenn menschen
nationenlos wären

nicht geprägt
durch eine kaputte geschichte
und durch öde tradition

sondern frei
neu aufzubrechen ohne bindung

nacht

ich liege schlaflos
schwüle und finsternis
umgeben mich
fremde hände würgen mich

ich liege schlaflos
moder und finsternis
strangulieren mich
fremde gedanken peinigen mich

ich liege schlaflos
lähmung und angst
kasteien mich
fremde ergreifen besitz von mir

großer Gott

großer Gott
brich mit macht ein
in mein leben
bei nacht und ungesehn
wie ein dieb

denn tagsüber
bin ich auf der wacht
und passe auf meine trauer auf
lasse mir nicht rauben
was mich zermürbt
und zerschmettert

großer Gott
nachts ist Deine chance
mein herz zu erneuern
und mir neues leben zu geben
aus Deinem übervollen füllhorn

archivar

ich sammle meine trauer
ich sammle meinen zorn
ich sammle meine liebe
ich sammle meine angst

archivar
ich bin ein archivar
meiner lust
und meines leids

ich sammle meine gefühle
ich sammle meine wut
ich sammle meine feinde
ich sammle meinen krieg

archivar
ich bin ein archivar
meiner lust
und meiner trauer

krieg

wem in seinen frühen jugendtagen
das glück eines kriegs zuteil wurde
dem gilt mein neid
und meine sehnsucht

wie gern würde ich selbst entscheiden
wann dies dasein endet
und nicht anderen dieses ungeheure
privileg überlassen

natürlich ist der krieg schrecklich
und niemand will ihn
aber er ist auch chance
auf bewährung und untergang

wie öde ist dies bloßbürgerliche leben
wie spießig sind die reden
und wie sinnlos sind die blöden weisheiten

haltung

ich versuche mühsam
haltung zu bewahren
während ein crescendo an
angst und verzweiflung
das fundament meiner existenz
unterspült und zerbricht

meine augen zerbrechen ebenso
wie die struktur meines hirns
wie nichtswürdig ich doch bin
warum mußte ich entstehen

ich versuche vergeblich
haltung zu bewahren
unter mir und in mir zerbricht alles
was bisher die fassade
meiner existenz darstellte
ein leben voller lügenpfühle

ich sah Dich

ich sah Dich
gleich als ich das bistro betrat
nur Dich
und hörte meinem freund nicht zu
der so wichtiges erzählte

ich sah Dich
gleich als mein freund ging
nur Dich
und setzte mich zu Dir
und sprach mit Dir über den tod

ich sah Dich
als Du Dich verstohlen zu mir schlichst
nur Dich
als Du Dich nackt zu mir legtest

ich sah Dich
als Du morgens nackt ins badezimmer gingst
nur Dich
und Dein mann klingelte wütend
dass uns ganz angst und bange wurde

ich sah Dich
als Du dies kind von mir empfingst
nur Dich
und ich gab Dir mein ja
für ein kleines leben und die ewigkeit

ich sah Dich
und ich vergaß
sie und ihn und
Deine und meine vergangenheit

zukunft ist

zukunft ist
auch wenn keiner daran glaubt
ein herrlicher aufbruch
trotz aller gefahr

zukunft ist
auch wenn keiner darauf hofft
nach vielerlei scheitern
trotz aller erfahrung

jetzt glaube ich daran
zukunft ist
und ich bin zukunft
trotz aller gefahr

heller aufbruch

auch dies düstre schattenreich
in dem ich vegetiere
seit geraumer zeit
ist nicht ewig,hat keinen bestand

entgegen aller furcht
findet auch dieses dunkel
ein herbeigesehntes ende
und ein neuer tag bricht an

dieser neue helle aufbruch
beginnt mit einem lachen
und auch das weinen fällt jetzt leicht
weil alle enge aufreißt

oh neuer tag,halte an,
damit alle dunkelheit zerreißt
es soll jetzt licht sein in
diesem leben und auf dieser erde

jetzt

jetzt fallen mir plötzlich
ganz neue bilder ein
die ich nie zuvor sah

jetzt sehe ich plötzlich
alles wieder klarer
was zuvor im dunkeln lag

jetzt lehne ich bequem
in meinem schaukelstuhl
und warte gelassen was kommen mag

ein nachbar

ein nachbar will mich zwingen
den schutz meines gehäuses
in dem ich gedankenschwer brüte
zu verlassen,
mich dort dem blick und dem wort
preiszugeben,
wo ich verbergung suche
und unterschlupf

dieser nachbar ist von der andern sorte
er versteht mich nicht
und kann mich nicht verstehen
ihm ist in seinem sosein wohl
kann nicht stille sein
kann nicht bei sich sein
so wie ich im verborgenen
kann er nicht blühen

wie anders als im streit
und in der provokation
soll er mir begegnen
da ich ihm so fremd und fern bin
wenn auch ein nachbar
in der räumlichen entfernung
so doch weltenweit von ihm entrückt
in der geistigen bestimmung

ein nachbar will mich zwingen
und kann doch nicht
weil er mich nicht erreichen kann
in meiner selbstgewählten abkehr
wenngleich ich sein tun gewahre
dringt dennoch kein laut und kein lichtquast
zu mir in meine klause
darin ein abgewandter stille ruht

die unbekannte

sie sitzt im restaurant
am nachbartisch
sie sieht süß aus
wie ein kleines schüchternes mädchen
und doch
ist in ihrem blick
auch etwas flittchenhaftes

neben ihr sitzt frech
ein miststück
von einem mann
nicht wert sie anzusehen
und dennoch offensichtlich
ihr geliebter
oder gar ihr zuhälter

wozu so frage ich
wird dir blödem nichts
liebe zuteil
mit der du nichts anfangen kannst
du dummer hartleibiger mann
mit großem schwanz
und ohne herz und hirn

wäre doch einer da
der aufsteht und sagt
frau lass diesen loddel
und diesen hanswurst gehen
und tritt ihm in den arsch
wie ers verdient
und sei frei

ich nehm mein leben

ich nehm mein leben
in die hand
und wiege es
wie leicht oder schwer
es wohl ist

es ist so leicht
wie nie geahnt
und es fehlt ihm ganz
ein ich
und eine substanz

ich werf dies leben
das mir so unbekannt ist
mit leichter hand weg
es ist nur tauglich
für den hausmüll

wenn alles nach der mehrheit ginge

ginge alles nach der mehrheit
hätte meine existenz keine berechtigung
denn eine abstimmung
fiele klar gegen mich aus

es fällt mir schwer zu sagen
ob ich auch zu einer mehrheit gehöre
würde ich es wissen
zu welcher ich gehörte
würde ich sie schnell verlassen

ich suche das minderheitenland
wo jedermann und jedefrau
ohne schablone leben kann
und nichts vorentschieden ist
durch mehrheitsbildung

am rande des mohns

ich gehe am rande des mohns entlang
zunächst bin ich einsam
kein mensch ist weit und breit zu sehn

dann füllt sich der raum
viele bauern feiern lustig
bei bier und korn

und ich werde in ihren rausch
und in ihren exzess hineingezogen
so dass ich mich vergesse

bis diese fremde frau ins zimmer tritt
so grazil und schön und nackt
sie erhellt diesen raum

wie aber kommt Deine grazie
unter dieses dumpfe volk
wie kannst Du ihr greinen ertragen

ich schwanke hin und her
zwischen faszination und wut
ich bin hingezogen zu dieser frau

wie kannst Du nur so ebenhin
Deine schönheit hinwerfen und vernichten
für diesen augenblick der demut

wie ein trunkener stürze ich
aus dem raum und gleite
vom rande des mohns

langsam gewinnen vertraute strukturen
macht und einfluß über mich
doch ich verglühe vor sehnsucht

wenn krieg ist

die gedanken sind finster
es gilt dem mordgelüst zu widerstehen
nichts gutes lässt sich finden
zur entschuldigung des gegners

und sogar dessen mutter ist nur hure
und kein mensch wie die eigne mutter
keine entlastung auf weiter ebene
keine spur von entschuldigung

Gedankengespinste von hass erzeugt
überziehen alle überlegungen mit gewalt
es bleibt kein raum für wahrheit
und für nüchterne objektivität

fremdes gestade

an dieses fremde gestade
hat das blinde schicksal mich geworfen
ich friste mein dasein
ohne engagement und freude

weil was man mir zuwies
nicht von kenntnis meiner bedürfnisse zeugt
sondern vielmehr von dem willen
mich zu quälen und zu demütigen

immerhin zärtlichkeit

so viel müdigkeit überfällt mich
wo ich auch stehe oder sitze
nur nachts stellt sie sich nicht ein

immerhin gelegentlich erwiesene zärtlichkeit
lässt mich auf ein besseres morgen hoffen
wo alle pein aufhört und echtes leben beginnt

vorschattung des zukünftigen ist dieses dasein
manchmal bricht ein licht von hoffnung abrupt herein
lässt aufatmen und neue luft kann herein strömen

der imperialismus hat gesiegt

die besseren ideen liegen darnieder
vorläufig denke ich und weiß nicht
ob nicht auch diese hoffnung trügt

lenin und marx haben tödliche wunden erhalten
doch totgeglaubte leben manchmal desto länger
und erholen sich oft wundervoll schnell

der imperialismus hat vorerst gesiegt
nicht nur politisch so scheint es
sondern auch in den dumpfen köpfen

das konstrukt der weißen rasse fühlt sich
über alle anderen farblichen konstrukte erhaben
und ist doch dem untergang geweiht

Du stehst bei den reichen

Du stehst bei den reichen
und labst Dich an deren champagner
Du hörst ihnen zu
wenn sie ihren unsinn zelebrieren

da gehörst Du nicht hin
Du gehörst zu uns proleten
zu uns die uns die zukunft gehört
die wir denen eine lektion erteilen werden

Du stehst bei den reichen
deren champagner steigt Dir zu kopf
dass Du tatsächlich der illusion verfällst
zu denen zu gehören

doch Du gehörst zu uns
Du bist eine proletenbraut
die arbeiterklasse ist Deine familie
und nicht die wir auslöschen werden

beim wein

ich stand schon einige zeit beim wein
als mir Dein gesicht auffiel
ohne ein wort folgte ich Dir
als Du gingst

und nach kurzem wortvorspiel
küßte ich Dich sanftgemeint
ohne Deine zustimmung
aber auch ohne Deinen widerstand

Du ludst mich für den abend ein
weil Dein mann auf geschäftsreise war
und es war schön bei Dir zu sein
weil zärtlichkeit mit gut tat

am morgen duschten wir zusammen
die wir uns fast unbekannt waren
und nach kaffee und toast
schlich ich mich leise hinaus

woher wird mir trost

woher wird mir trost
und neue zuversicht kommen
frage ich ängstlich in schlafloser nacht

und die nachtgespinste wollen auch
am tage nicht weichen
legen sich wie ein spinnennetz

auf den alltag und auf mein gemüt
so dass meine augen ringe werfen
und meine organe immerzu alarm melden

woher wird mir trost kommen
wenn sogar die mich lieben
mich nicht trösten können

versuchung

es ist eine versuchung
dass Du mir Deinen schönen körper offerierst
schön ist Dein anblick
und berauschend ist Dein geruch

doch ich bin nur ein alter mann
voll von selbstzerfleischendem zweifel
nur ein alter mann ohne ziel

es ist eine versuchung
wenn Du voller inbrunst begehrst meine frau zu sein
schön ist der gedanke
täglich neben Dir aufzuwachen

doch ich bin nur ein alter mann
voll von selbstzerfleischendem zweifel
nur ein kranker mann ohne ziel

kleiner rahmen

Du hast Dich in einem zu kleinem
rahmen einsperren lassen
der rahmen ist schwarz
und Du bist weiß

und entsprechend bildet sich die welt
bei Dir schwarz und weiß ab
und Dein innerer antrieb
ist ein imperialer befehl

nach gutem lechzt Du
und nach reinem und nach gerechtigkeit
darunter leidest Du auch so sehr
dass es nichts reines gibt

Dein elend ist Dein idealismus
und nur ihm magst Du gehorchen
Du erkennst nicht mehr die welt
die so unvollkommen ist

die nacht an der schwelle

diese nacht wird schwer für mich
morgen soll es sich entscheiden
ob ich ein krüppel bin
oder wieder reif werde für das leben

diese nacht wird schwer für mich
weil ich nicht weiß was gut für mich ist
reif sein für dieses leben
oder den stern der gescheiterten tragen

doch sind die gescheiterten gescheitert
die lebenstüchtigen sind sie tüchtig
manchmal dünkt mir der stern
der behinderung sei ein ehrenkranz

in dieser gesellschaft tüchtig sein
ist immer auch eine niederlage
in dieser gesellschaft scheitern
ist immer auch ein sieg

Du bist mein kuscheltier

immer möcht ich bei Dir liegen
Deine haut ist so zart und warm
Du riechst so gut nach jojobaöl
Deine küsse beflügeln mich

Du bist mein kuscheltier
mein liebes dummes kuscheltier

doch wenn Du Dich erhebst
und das bett verläßt
ziehst Du mit der kleidung
gleich wieder Deine andre attitüde an

dann bist Du wieder ganz und gar
ein militant-garstiges feministisches weib

in Dir gehe ich unter

all mein gefasel
von partnerschaft und gerechtigkeit
finden in Deinen tränen schnell ein ende

in Dir gehe ich unter
Du schaffst mich

mein differenzieren
und reflektieren
mein diskutieren
und diskursives betroffensein
finden ein rasches ende

wenn Du nur eine träne vergißt
und behauptest so ginge es nicht

in Dir gehe ich unter

in dieser gesellschaft

in dieser gesellschaft
sind alle rollen ein für alle mal verteilt
hie die reichen dort die armen
hie die mächtigen dort die ohnmächtigen

und die im glanze leben
lassen nicht kratzen an ihrem lack
schließlich haben sie
die ärzte und juristen
die presse und die polizei
die parteien und die armee
mit in ihrem stall

wer schlägt diesen knoten durch
der uns nichtige würgt
wer nimmt den griff von unseren kehlen

ich singe für Euch

ich singe für Euch
die Ihr eine leuchte braucht
auf Euren täglichen pfaden
weil Euer alltag Euch korrumpiert
und faul und träge macht

ich singe für Euch
die Ihr den rechten weg nicht mehr seht
und abgewichen seid
vom gesetz des lebens
das Euch nähren und erhalten soll

ich singe für Euch
die Ihr allein von brot und wein nicht mehr satt werdet
und die Ihr verraten habt
die religion Eurer väter und ahnen
und nun elendiglich darbt

ich singe für Euch
die Ihr ohne meine lieder verloren seid
und dennoch bin ich nicht sicher
dass meine lieder Euch leben geben
wie es eigentlich gemeint war

ich singe für Euch
die Ihr Euren grund und ursprung vergessen habt
und dennoch spüre ich
Ihr wollt meine lieder nicht als boden
eiziehen um darauf zu stehen

ich singe für Euch
die Ihr des Rufers in Eurer wüste bedürft
und ich fühle deutlich
dass Ihr dennoch verloren gehen werdet
weil meine stimme Euch nicht erreicht

diesmal nicht

ich werde diesmal Deiner einladung nicht folgen
diesmal nicht als ungeliebter und
nicht liebender gast unter dumpfen menschen sitzen
die Du verehrst und ich hasse

ich werde diesmal nicht zuhörer sein
während Ihr Euer spülwassergeschwätz ablasst
und ich wie ein stummer fisch dabeisitze

diesmal werde ich nein sagen
und niemals mehr dummen einladungen folgen
denn unter Euch zu sein ist eine schwere last

lieber liege ich traumschwer in meinem gras
und lausche dem dummen takt der natur
als meine zeit mit denen tot zu schlagen
die meine nerven über gebühr strapazieren

an diesem abend

es ist noch hellblau
und dennoch liegt
trakls purpurne stille
auf diesem abend
und auf diesem tag

denn schneeschwer liegt
die landschaft
vor meinem auge
und sie erstickt meine
zarten pflanzen
die gerade erst ihre häupter
und ihre zerbrechlichen leiber
erhoben hatten

nur am rande des gartens
sammelt ein treuer hirte
seine einsame schar

will hoffnung werden
hallt meine bange frage

nicht mehr lange
so spricht der hirte sanft
so soll lenz einziehen
und Deine seele soll licht sein

wie das treue blau
im auge Deiner frau

und heiterer blickt
das innere gesicht
dieser nacht
und einem neuen morgen
entgegen

stachel des zweifels

ich bin der stachel
des zweifels
in Deinem blut

zwar nahmst Du mich
als ich mal gerade
zu kriegen war
aber weißt Du wirklich
ob dies techtelmechtel
richtig war

ich sprech
vom standpunkt der moral
dies ist ein hoher kalter berg
mit guter sicht
aufs tal der lust

es ist leicht
ein stachel des zweifels
zu sein
aber für Dich bin ich qual

ich spüre
dass Du liebst
und spüre wie schwer Du es Dir machst

pinocchio

mein vater
hat mich aus
sprödem holz geschnitzt

zum zeugen fehlte
ihm die lebendige kraft

nun ist aus mir
ein holzmann geworden
ich gehorche fremdem befehl

ach könnte ich doch
durch irgendeine tat
- wie: jemanden aus dem bauch des wals befreien -

ein richtiger mann werden
aus fleisch und blut

wer als deutscher beamter

wer vor dem anspruch
als deutscher beamter
korrekt und loyal
seinen dienst versehen zu sollen
nicht versagt und
davor nicht krank wird
mit dem stimmt irgendwas nicht

es gibt schlechterdings
keine schizophrenere situation
als als beamter
seinen dienst zu versehen
als handlanger der mächtigen
sich selbst aufzugeben
in einem anonymen apparat

in einem land
das sich rechtsstaat nennt
in dem das unrecht regiert

im bauch des wals

was welt ist
dringt beim maulöffnen
als schatten ein

es ist behaglich
und bedrohlich
dies leben auf abruf

nur geborgt ist die zeit
bis zum einsetzen
des verdauungsvorgangs

achtlos

achtlos zerbrech ich
worte
die ein anderer
mühevoll baute

tief in mir
such ich
den schatz neuer worte

an den wassern des waldes

an den wassern
des waldes blindet ein wild
wir tasten es sanft
um es nicht zu verwunden

in Deine blauen tränen
ist die welt wie in blut eingetaucht

Du stürzt haltlos
von beton zu beton
und verlierst Dein angesicht

die schuld ist
unser täglicher gast
und gerade so wirklich
wie ein traum oder ein schatten

in den städten
aus quadern lieblos aufgebaut
verlieren wir uns gänzlich
und auch in den wäldern
wagen wir es nicht mehr
ganz wir selbst zu sein

aus der unschuld
sind wir aufgestanden

entschwunden
sind die güldnen tage
und erst im tode
sind wir wieder jung

die zeit bis hierhin

die zeit bis hierhin
habe ich oft so oft gezählt
gemessen und gewogen
in der hoffnung
mir jetzt ganz nah zu sein

und bin mir doch nicht näher gekommen
bin immer noch umklommen
von fremden gewalten
von ängsten
von angst

die zeit bis hierhin
hatte fast nichts gewogen
aber nun wird sie auf einmal
so schwer
allzuschwer lastet sie auf mir

an diesen ort
haben mich andere
in einer blinden hetzjagd getrieben
nun bin ich
atem- und hoffnungslos

doch wo keine hoffnung blendet
trügt auch keine illusion
trotz der schweren zeit
auf meinen schultern
wird mein blick langsam klar

dies jahr

dies jahr
soll unter einem besseren
stern stehen
keine chance mehr
für missmut und resignation

dies jahr
soll leuchten
unter den jahren
soll freiheit bringen
von innerem joch

dies jahr
hat gut begonnen
weil ich ja zu ihm sag
und täglich und stündlich
will ich die bejahung wiederholen

sehnsucht

ich habe sehnsucht
nach der befreienden
revolutionären tat

einmal für immer
zeichen setzen und wunder
und sein leben hingeben
für ein fanal

damit die
die sich die pfründen
gegenseitig zugeteilt haben
für eine sekunde erschauern

ihr ängstliches zittern
rechtfertigt dieses leben
rechtfertigt alles bisherige bemühen

zeichen setzen

ich setze das zeichen
dass an diesem punkt
die grenze der erträglichkeit
deutlich aufgezeigt wird

das leiden unter verhältnissen
die ein vegetieren ermöglichen
aber kein echtes leben zulassen
soll ein ende haben

der tod ist ausweg für das
eine drittel der gesellschaft
die andern zwei leben
zwar in saus uns braus
aber innerlich sind sie hier schon tot

bürgerliches leben

dies bürgerliche leben
ist resultat von hirnwäsche
alle sind einig wer ich sein soll
und stricken an dieser legende
die ich glaube ohne dass sie glaubhaft ist

schule und eltern in heiliger allianz
das kind in schöner instrumentation
eine traute eintracht beim zertreten von leben
bürgerliche sprechblasen ein dummes leben
wozu darüber nachdenken
darauf treten darauf spucken
dann wegwerfen weil sinnlos

soviel zeit vertan

soviel zeit vertan
um mich als mann zu definieren
linke hemisphäre delegiert
mich nicht wahrgenommen

doch nun drängt mit macht
der ganze mensch zum leben

in der nacht

in der nacht
es ist draußen kalt
das dunkle frißt meine seele auf

in der nacht
kein schlaf stellt sich ein
keine vision löst die angst auf

in der nacht
dunkle geister umlauern mich
die träume stehen drohend im raum

in der nacht
und kein tag soll mehr kommen
und kein erwachen folgt der schlaflosigkeit

die mehrheit ist dumm

die mehrheit ist dumm
keine spur von klarheit
keine ahnung von gerechtigkeit

weh mir und denen
die nicht mehrheit sind
auch auch keine mehrheiten
finden wollen
unserer sehnsucht
nach wahrheit nach gerechtigkeit
droht ernsthaft gefahr

und würde auch
ausnahmsweise wahrheit
eine mehrheit finden
flugs wäre sie entehrt

ein segen des himmels

ein segen des himmels
warst Du, meine liebe tochter, mir
und den vielen, die Dich liebsten,
der herr im himmel selbst
hatte gewollt, dass Du bist,
Du warst mir das größte geschenk,
das mir je bereitet werden konnte,
eine freude warst Du mir tag für tag

doch nun hat ein mieser mensch
Dich mir genommen
hat seine perverse lust
an Dir befriedigt
hat Dich, die Du keine harm
und keine hinterlist kanntest,
gequält, gefoltert und gemordet

jetzt liegst Du da
Dein hübsches antlitz vom schmerz gezeichnet
die Du mir das liebste warst auf erden
von einem schänder grausam entstellt
keine ruhe und kein frieden
soll dem mehr werden, der Dich mir nahm
es soll sich auf erden
kein ort mehr finden für ihn
der schlund der hölle
möge sich öffnen und ihn verschlingen

doch wo wird mir trost
mir ist das liebste genommen
das leben wird zur untragbaren qual
die sehnsucht Dich wiederzufinden
ist schier übermenschlich

wo Gott ist hoffnung
wo ist licht
das leben ist nurmehr
ein düsterer tunnel
ohne hoffnung das dasein

und der unsägliche hass
und der unsägliche schmerz

nur manchmal eine ahnung

nur manchmal eine ahnung
von der vorgeburtlichen vision
die mich bewegte
hier zu sein

die leise ahnung, wiedergutmachen
und erlösen zu müssen
aber die seele ist immer noch müd
so müd und leer

manchmal glimmt kurz erinnerung auf
von einer anderen zeit
eine kleine schar an menschen
denen ich zugeordnet war - und bin

nur manchmal eine ahnung
warum ich wurde, was ich bin
aber die unkenntnis überwiegt

engelssaum

manchmal steht mir klar vor augen
dass ich einst bei den engeln war
und dass auch dieses leben
so finster es auch ist
am saum eines engels gebaut ist

dann wird das herz so leicht
und der blick erweitert sich
eine andre dimension glimmt kurz auf
die kraftquellen füllen sich
und die bereitschaft wächst

sich hinzugeben an den lebensstrom
mit gleichmut sich treiben zu lassen
und sich im himmel zu spiegeln
von wo wir kommen und
wohin wir gehen

stein der weisen

übel ist die erkenntnis
dass keine gerechtigkeit
in diesem erdkreis zu finden ist
kein rechtes maß und keine bescheidenheit
keine bereitschaft
für ein größeres ziel zurück zu treten
und das viel zu kleine ich
zu reduzieren
auf sein tatsächliches erbärmliches maß

keine vision vom höheren sein
und keine ahnung mehr
von der mission
zu der wir dereinst aufgebrochen sind

doch tief in meiner seele
ist so weiß ich der stein der weisen
und meine kraft wächst ihn zu heben

keine sorge

keine sorge
es besteht grund
angst zu haben

sei achtsam und sieh
um Dich herum
entstehen fortwährend
gründe für Deine angst

sei unverzagt
und nimm die angst
als Deine geliebte an

und gewinn die welt
denn in der welt
hast Du angst

neue achtsamkeit

von nun an
will ich achtsam sein
dass mir kein ungemach
mehr widerfährt
von den verstrickungen in diese welt

und nicht mehr schlafen
wie es so viele beständig tun
sondern wach will ich sein
angesichts der bosheit der menschen

denn der mensch soll offenbar werden
als das böse schlechthin
und ich will dem bösen widerstehen
ohne gewalt aber mit achtsamkeit

ich bleibe im licht

ich bleibe im licht
trotz der lockenden schatten ringsumher
will streben nach wahrheit
und mich nicht zufrieden geben
mit halbgarem

auch wenn mein geist noch klein ist
ist Gott für mich geist
und den mammon will ich meiden
wo immer es geht

doch die dunklen mächte dräuen
und drängen auch in mein leben hinein
sie wollen sich jeden untertan machen
und werden mich nicht schonen

doch ich bleibe im licht
trotz der lockenden schatten ringsumher

ich sehe nicht weit

ich sehe in mentaler hinsicht
nicht weit
und finde das gut
weil sonst würde ich
nur geister sehn

der vorhang vor dem unsichtbaren
ist dick und undurchdringlich
kein licht von dort
dringt zu mir durch

so hat es mir Gott befohlen
nicht hinüber zu sehen
zum andern ufer
wo das echte leben ist

denn dieser kelch
dessen inhalt so bitter ist
muß ausgetrunken werden
bis auf den schwarzen grund

und ich fürchte
der krug muß hernach
auch noch verspeist werden
ehe das licht durch den vorhang dringt

weil ich nicht weit sehe
indem ich Gottes gebot erfülle
fange ich an mich wohl zu fühlen
in der schwärze der beständigen nacht

und der tägliche bittere trunk
beginnt zu munden wie vertraut

mangelnde sicherheit

niemand kann sagen
ob die existenz
all dieser menschen
die mich umgeben
und mit denen ich umgang habe
real ist

sicher ist nur
dass jene menschen
mit denen ich nicht umgehe
nicht real sind

doch kann ich eine
sicherheit mit einer anderen
unsicherheit aufwiegen ?

auch an mir ist nur
die gegenwart real
schon über den gestrigen tag
kann ich nichts bestimmtes sagen

vielleicht ist es so
dass ich mir meine geschichte ausdachte
als ich mich in angnehm warmem
badewasser suhlte

jedenfalls erscheint mir heute
dass sowohl existenz als auch nichtexistenz
ziemlich bedeutungslos sind

begabung

ich bin begabt
unproduktiv und faul zu sein
doch werde ich immerzu
als schraube im produktionsprozess
benutzt und ausgebeutet

kein beruf bietet wahrhaft selbsterfüllung
arm dran sind die tumben
die einsatz und fleiß einsetzen
um ein imaginäres ziel dann doch nicht zu erreichen

und sich im tiefsten herzen
doch nur sehnen nach dem immergleichen
nach sex, nach macht und anerkennung

ich bin begabt
schonungslos und ohne gnade
aufzuzeigen
dass diesem leben kein sinn innewohnt
und auch das beste bemühen
führt nur zu absurden ergebnissen

wer herumläuft in dieser finsterniss
findet obwohl fleißig und gewitzt
dennoch kein wahres ziel
sondern nur herzinfarkt und krebs und tod

ich bin begabt
in der sonne zu sitzen
bei einem gläschen pernod
und genussvoll zu rauchen

und wenn ich der welten rätsel
aufgelöst hätte
würde ich die lösung niemandem sagen

ich bin begabt
zu schweigen und mich am guten zu laben

die andern sind dran

diese erde wird zusehends
zu einem nicht mehr bewohnbaren ort
weil die andern jetzt dran sind
die nachgeborenen
unsere kinder und enkel

diesen andern ist nichts mehr heilig
was uns noch etwas galt
soll man sagen sie haben keine moral
oder soll man sagen eine andre moral
seis drum es ist nicht meine sicht der dinge

die jetzt dran sind
werden nicht mehr an einen Gott glauben
es sei denn an den gott mammon
sie werden nicht mehr andre menschen achten
es sei denn als spielzeug für ihre lust

sie werden keine ehrfurcht mehr haben
vor größeren die als solche erkennbar sind
sie werden nicht mehr fleiß vor einen preis setzen
und was jahrhunderte als richtig galt
ist ihnen schnurz

von diesen andern ist auch nicht zu erwarten
dass sie dem der in not ist helfen
dass sie dem der nicht mehr kann rente gewähren
dass sie dem der sich nicht mehr allein zu helfen weiß
beistehen
dass sie die nackten kleiden kann nicht erwartet werden

für mich der ich nicht zu diesen andern gehöre
und dem es nicht möglich war
den lauf der welt wesentlich mit zu bestimmen
ist gut zu wissen dass jede macht
auch und gerade die der unmoralischen endlich ist

hinweis für zeitreisende

das leben von hanns blunck
ist ein videospiel
mit links in unbekannte welten
voll schönheit und faszination

was das leben nicht hatte
hat das spiel vitalität und lebensfreude
schönheit sattheit und spannung
klick irgendeinen begriff an

und es öffnen sich Dir
tausende und myriaden welten
voll neuer abenteuer

finde die gesamtwerke wenn Du reist
im jahre des herrn 2000
im altpapier im juni

Zum Autor

Hanns-Diethelm Blunck wurde am 1.3.1953 in Lüneburg geboren und obwohl nicht mehr dort wohnend, verbindet ihn weiterhin viel mit dieser Stadt.

Nach dem Studium in Lüneburg und Hamburg übernahm er zunächst das von der Großmutter gegründete Reformhaus.

Hernach arbeitete er als Verwaltungsangestellter.

Er lebt jetzt als Frührentner in der Nähe von Hamburg.

Für die, die ihm mitteilen möchten, wie ihnen seine Schriften gefallen, wird nachfolgend die Adresse mitgeteilt.

Hanns Blunck, Bütlinger Strasse 42A, 21395 Tespe

ISBN: 3-8311-0434-4
Alle Rechte beim Autor
Herstellung: Libri Books on Demand